わたしたちと森林

1 役割と多様性

あかつき

この本の使い方

シリーズ「わたしたちと森林」は、過去から未来へとつながる人間と森林とのかかわり合いについて、さまざまな角度から理解を深められるよう、テーマ別に1〜5巻に分け、わかりやすく説明をしています。説明を読んだあとに、さらに気になるテーマを調べたり、自分のこととして考えるために「調べてみよう!」「考えてみよう!」などのコーナーがあります。この本を通じてみなさんのまわりの森林について考えるきっかけとしてください。

本文
そのページのテーマにそった内容を説明しています。

キーワード
重要なことばを解説しています。

ポイント!
テーマを理解するうえで大切な部分です。

グラフや表
テーマを理解するうえで必要な情報データをグラフや表でしめしています。

※グラフや表は、表記のしかたを出典から一部改変しているものもあります。

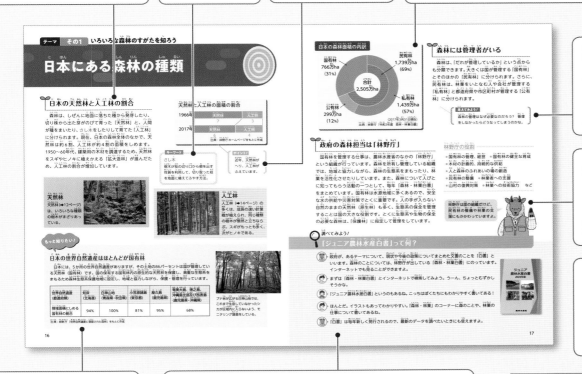

考えてみよう!
テーマに関連して、どうしてそうなったのかを考えるためのコーナーです。

先生の解説
テーマへの理解を助けてくれる、カモシカ先生の解説です。

さがしてみよう!
テーマに関連して、自分の身近なところでさがしてみるコーナーです。

コラム「もっと知りたい!」
テーマに関連した知識などを紹介しています。

調べてみよう!
テーマに関連した調べ学習をしたいときのヒントや、ページを読んだあとに、さらにくわしく調べたいときにどのような方法をとればいいかのヒントが書かれています。

さがしてみよう!
学校のなかや、自分のもちもので、木材を使ったものには何があるかな。

※この本の情報は、2023年1月現在のものです。

わたしたちといっしょに学ぼう!

シン

山や川で遊ぶのが大好き。ふだんはまちに住んでいるけど、お休みになると家族とキャンプに行って、自然体験を楽しんでいる。

リン

森に遊びに行くのはもちろん、動物に関する本を読んだり、インターネットを使って調べたりするのも大好き。将来は動物の研究者になりたいと思っている。

カモシカ先生

2人のところに現れた森林の博士。森林と人とのかかわりのことならなんでも知っている。

1 役割と多様性

森林って何?

「森林」ということばは、日本の森林法という法律で、「木竹が集団して生育している土地」と定められています。つまり、森林とは木がたくさん生えている場所のことです。しかし、森林法では農地や住宅地などに生えているものは「森林」とあつかいません。たとえば「リンゴ畑」は、リンゴの木がたくさん生えていますが、「森林」ではないのです。

※本文中では「森林」を「森」と書き表しているところもあります。

森林

森林ではない

「森」と「林」はちがうの?

一般的には「森」は、こんもりとしげって木がたくさん生えているところで、「林」は同じ種類の木がたくさん生えているところをさします。また、「森」は自然にできた木が密集しているところで、「林」は人工的につくられた木が密集しているところという考え方もあります。そのちがいははっきりしていないといえます。

(一般的な)森

(一般的な)林

森林の役割と多様性を知るための5つのテーマ

1巻では、森林の役割と多様性を知るために大切なテーマを大きく5つに分け、紹介していきます。

テーマその❶	テーマその❷	テーマその❸
いろいろな森林のすがたを知ろう	森林の役割と生態系	森のめぐみと人びとのくらし

テーマその❹	テーマその❺
森林と生物多様性	持続可能な森林へ

ここで紹介した内容は、続きの2〜5巻でくわしくとりあげていきます。

テーマその **1**

いろいろな森林の すがたを知ろう

地球上の陸地の約3割を森林がしめています。森林はどこでも同じではありません。気温や土地の高さによって生える木の種類はことなり、森林はさまざまなすがたを見せてくれます。自然に生えた森林もあれば、人が育てた森林もあります。国が管理する森林もあれば、個人が管理する森林もあります。ここでは世界の森林の特徴、日本の森林の特徴を知り、森林のすがたを理解していきましょう。

14-15ページの「人工林」「木材」➡2巻「林業と森林資源」でくわしく解説します。

14ページの「木質バイオマス」➡5巻「持続可能な社会」でくわしく解説します。

気候によって森林はさまざま

地球上の陸地の3割は森林

　地球上の陸地の約3割、40億6,000万haを森林がしめています。気温と降水量によって、生育する木がことなるため、世界にはさまざまなすがたの森林があります。

　赤道近くの熱帯・亜熱帯には、たくさんの種類の樹木が存在し、温帯でも地域の気候に合ったさまざまな樹木が育ちます。砂漠や草原地帯などの乾燥気候になると、サバンナやステップなど、かぎられた樹木しか育たない地域が多くなります。寒冷地では、モミやマツが立ちならぶ「タイガ」、さらに北には樹木が育ちにくいツンドラ地帯が広がります。

ポイント！
世界では、1990年〜2020年までの30年間に、日本の国土の約4.7倍にあたる1億7,800万haの森林が減少しました。

キーワード
ha（ヘクタール）
土地の広さを表す単位。1haは1万平方メートル（1辺が100メートルの正方形の面積）。

世界の森林面積上位10か国（2020年）

順位	国名	森林面積（1,000ha）	世界の森林にしめる割合（%）
1位	ロシア連邦	815,312	20
2位	ブラジル	497,799	12
3位	カナダ	346,965	9
4位	アメリカ合衆国	309,795	8
5位	中国	218,099	5
6位	オーストラリア	134,005	3
7位	コンゴ民主共和国	127,257	3
8位	インドネシア	92,739	2
9位	ペルー	72,503	2
10位	インド	71,894	2

出典：FAO「FAOSTAT」2022年

上位10位までで、世界の森林の66パーセントをしめる。

ツンドラ地帯
タイガよりもさらに北の、地面が一年中ほとんど凍っている場所。コケなどは生えるが樹木は育たない。

サバンナ　　　　　ステップ

サバンナ・ステップ
サバンナは、アフリカ大陸やブラジルなどに広がる草原地帯で、雨がふる時期に背の高い草がしげる。ステップは、中央アジアに広がる乾燥した気候の草原地帯のこと。

高度のちがいも樹木のちがいに

気候は、南北の緯度によって大きく影響を受けますが、標高（土地の高さ）によっても変わります。そのため、同じ地域でも標高の低い場所では温帯に見られる常緑広葉樹が生えて、標高の高い山に入ると、寒帯に見られる針葉樹ばかりになることもあります（➡広葉樹、針葉樹のちがいは10ページ）。非常に高い山になると、樹木が育たず草だけのところもあります。緯度による気温差や降水量の差で見た植物分布を「水平分布」、標高によるものを「垂直分布」といいます。

タイガ

ロシアのシベリアなどに広がるモミ、カラマツなどの針葉樹林。樹木の種類は少なく1種類のみのところもある。地中深くに広がる永久凍土が一部とける夏に水分を吸収する。

> **キーワード**
> **永久凍土**
> 地面の下の土壌の温度が2年以上続けて0度以下の土地。

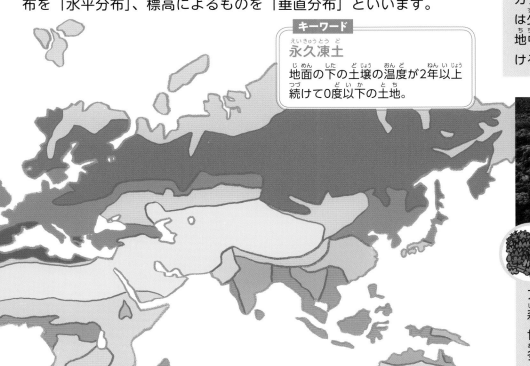

アマゾンの熱帯多雨林

アマゾン川流域に広がる地球上の森林の20パーセント以上をしめる世界最大の熱帯多雨林。一年中雨が多く気温の高い気候は、多くの種類の樹木が成長しやすい。

世界の森林の植生分布

☐ ツンドラ・高山草原帯	☐ 温帯多雨林帯 ☐ 夏緑樹林帯 ☐ 砂漠・半砂漠 ☐ 亜熱帯多雨林・熱帯多雨林帯
■ 針葉樹林帯	☐ ステップ ☐ 硬葉樹*林帯 ☐ 照葉樹林帯 ☐ サバンナ ☐ 雨緑樹*林帯

出典：七尾純『森の総合学習2 森の科学』あかね書房 8ページをもとに作成

もっと知りたい！

日本一高い木は？ 世界一高い木は？

2022年現在、林野庁がみとめる日本でいちばん高い木は、京都市左京区の大悲山国有林にある「花脊の三本杉」とよばれる木です。1つの根から3本のスギがまっすぐにのびるめずらしい形の木で、そのうちの1本が62.3メートルで、日本一の高さです。

ギネスブックによると、世界一高い木は、アメリカ・カリフォルニア州のレッドウッド国立公園にあるセコイアです。高さは115.92メートル。ギリシャ神話に登場する巨人にちなみ「ハイペリオン」と名づけられました。

高さの比較

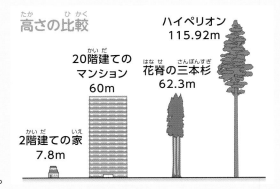

ハイペリオン 115.92m
20階建てのマンション 60m
花脊の三本杉 62.3m
2階建ての家 7.8m

*硬葉樹：オリーブなど、かたく小さな葉をもった木のこと。
*雨緑樹：チークなど、雨季に葉がしげり、乾季に落葉する木のこと。

日本は世界有数の森林国

🌱 日本の森林率はおよそ7割

国土の面積にしめる森林の割合を「森林率」といいます。日本の森林率は約68パーセントで、国土のおよそ3分の2を森林がしめています。これは、OECD*に加盟している38か国のなかで、フィンランド、スウェーデンに次ぐ第3位です。日本はゆたかな森林にめぐまれている国といえます。

おもな国の森林率 (2020年)

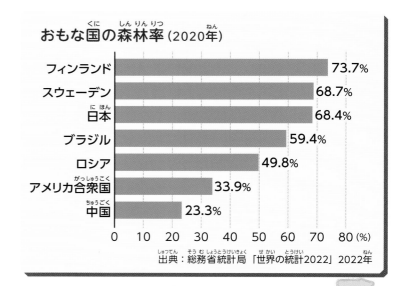

国	森林率
フィンランド	73.7%
スウェーデン	68.7%
日本	68.4%
ブラジル	59.4%
ロシア	49.8%
アメリカ合衆国	33.9%
中国	23.3%

出典：総務省統計局「世界の統計2022」2022年

日本の土地利用の割合 (2020年)

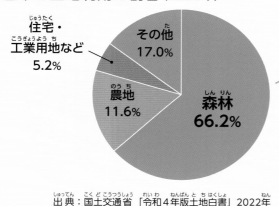

- その他 17.0%
- 住宅・工業用地など 5.2%
- 農地 11.6%
- 森林 66.2%

出典：国土交通省「令和4年版土地白書」2022年

ポイント！
土地利用のおよそ3分の2が森林です。

凡例
- 亜熱帯多雨林
- 照葉樹林
- 落葉広葉樹林
- 常緑針葉樹林
- 針葉低木林

沖縄のマングローブ林

🌳 亜熱帯多雨林 (亜熱帯)

場所：沖縄などの亜熱帯地域
おもな木と特徴：ガジュマルやヒルギなど。冬でも落葉しない。マングローブ*林を構成する。

宮崎のカシの森

🌳 照葉樹林 (暖温帯・低山帯)

場所：九州・中国・四国などの温暖な土地
おもな木と特徴：カシやクスノキ、ツバキなど光沢のある深い緑色の葉をもつ。冬でも落葉しない。

*OECD：日本語では経済協力開発機構といい、経済成長や開発途上国を支援する目的で38か国が参加している。一般的に「先進国」というとOECD加盟国をさすことが多い。
*マングローブ：淡水と海水がまざり合う地域に生えている植物のこと。

落葉広葉樹林
（冷温帯・山地帯）
場所：北海道南部から九州の山地
おもな木と特徴：ブナやケヤキ、カエデなど。秋になると紅葉が見られ、落葉する。

知床のハイマツ帯

紅葉する森林

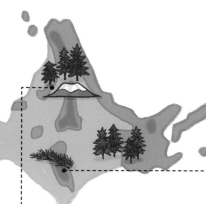
北海道のエゾマツ林

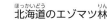
針葉低木林（寒帯・高山帯）
場所：本州3,000メートル前後の高山。北海道1,500メートル以上の高山。
おもな木と特徴：ハイマツなどの低木がはうように広がる。ある一定の標高までくると、木が生えなくなる（これを森林限界という）。

常緑針葉樹林
（亜寒帯・亜高山帯）
場所：北海道の平野や本州の高地など寒い地方
おもな木と特徴：エゾマツ（北海道）やシラビソ（本州）など。針状の細長い葉をもつ。

出典：農林水産省『aff』2009年10月号 特集1「にっぽんの森林（2）」をもとに作成

さまざまな森林が見られる日本

日本列島は北海道から沖縄まで、北から南に約3,000キロメートルの距離があり、北の端は亜寒帯気候に属し、南の端は亜熱帯気候に属しています。日本海側は一年中しめっていて雪がよくふり、太平洋側では夏は暑くしめっており冬は晴れて乾燥します。また、せまい国土に標高3,000メートル級の山が複数あり、さまざまな地形が見られます。このように、南北のちがい、土地の高低差によって、さまざまな自然環境が見られ、多種多様な森林があるのが日本の特徴です。

調べてみよう！
自分の住む都道府県の森林率は？

 「都道府県　森林率」とインターネットで検索してみよう。どんなサイトが出てくるかな？

 林野庁の「都道府県別森林率・人工林率（平成29年3月31日現在）」が出てきたよ。

 東京都の森林率は36パーセントもあるんだ！　意外だね。

 自分の住んでいる都道府県の森林率がわかりましたか？　ちなみに、森林率の高い都道府県の上位3位が高知県（84パーセント）、岐阜県（81パーセント）、長野県（79パーセント）、逆に、森林率の低い都道府県は、大阪府（30パーセント）、千葉県（30パーセント）、茨城県（31パーセント）となっていますよ。

ポイント！
公的な機関が運営しているサイトの数値は信頼性が高いです。

考えてみよう！
森林率の高い都道府県、低い都道府県にはどんな特徴があるかな？

針葉樹と広葉樹のちがい

針葉樹と広葉樹はどうちがう？

　樹木は、葉の形や枝のつきかた、根のはりかたなどによって、「針葉樹」と「広葉樹」の2種類に分けられます。針葉樹の葉は、細くてかたく、広葉樹の葉は、平べったい形です。木の全体の形にもちがいがあります。針葉樹は幹がまっすぐのびますが、広葉樹は幹から枝がいくつも出ます。その結果、針葉樹は、木のいちばん上がとがった三角形になり、広葉樹は全体がこんもりと丸い形になります。針葉樹は、多くが常緑樹で、冬も葉を落とさないものが多いですが、カラマツやセコイアなど例外もあります。広葉樹には、落葉樹と常緑樹の両方があります。

針葉樹

上はとがって、木全体は三角形に。

幹はまっすぐのびる。枝は細め。

常緑樹も葉がまったく落ちないわけではなく、新しい葉が生えるときに落葉しています。

葉は細くとがった形でかたい。

根は密生して深くのびる。

落葉広葉樹…気温が低くなると落葉し、葉のない時期がある。
常緑広葉樹…一年を通して葉をつけている。

広葉樹

枝が分かれて成長し木全体は丸い形に。

葉は広く平べったい。

幹からは太めの枝がたくさんのびる。

太めの根がまばらに、浅い場所で広がる。

日本の森林の生態系の分類 (2009〜2013年)

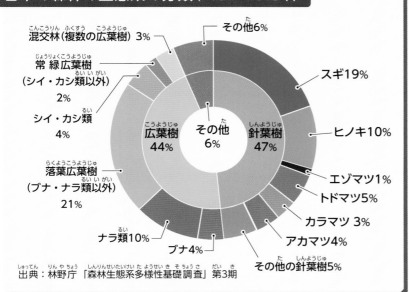

混交林（複数の広葉樹）3%
その他6%
常緑広葉樹（シイ・カシ類以外）2%
シイ・カシ類 4%
広葉樹 44%
その他 6%
針葉樹 47%
スギ19%
ヒノキ10%
エゾマツ1%
トドマツ5%
カラマツ3%
アカマツ4%
その他の針葉樹5%
ブナ4%
ナラ類10%
落葉広葉樹（ブナ・ナラ類以外）21%

出典：林野庁「森林生態系多様性基礎調査」第3期

日本の森林にはどんな木がある？

　林野庁では、日本の森林がどのような樹木で構成されているのか、調査しています。それぞれの森林のなかでもっとも多い木の種類＊を調査すると、針葉樹と広葉樹はだいたい同じくらいになります。針葉樹林は、多くが人工林で、広葉樹林では、天然林が8割くらいです。

日本にはこんなにたくさんの種類の木が生えているんだね。

代表的な針葉樹

ヒノキ
樹高は30〜40メートル、福島県より南の、おもに太平洋側に分布する。スギの次に多く植林されている常緑樹。

スギの木

スギ
日本の固有種の常緑樹で、本州、四国、九州に広く分布。樹高は40メートルくらいで、50メートルをこえるものもある。寿命が長く、各地に古木も多い。

代表的な広葉樹

コナラ
北海道、本州、四国、九州に広く分布。樹高は15メートルていどの落葉樹。雑木林の代表的な木。

コナラの木

ブナ
樹高は30メートル程度の落葉樹。北海道から九州の標高の高いところに分布。樹皮がなめらかで模様があることも。白神山地に原生林が残されている。

キーワード

固有種
ある特定の地域にしか生育しない生物の種のこと。

地図記号もちがう
森林があるところは地形図にもしめされますが、針葉樹林と広葉樹林で、形のちがいにもとづいた別の地図記号を使います。

針葉樹林

広葉樹林

もっと知りたい！

植物分布から見る日本の森林の多様性

　世界を植物の分布のしかたで区切ると38の区分があり、日本は沖縄と小笠原をのぞくと「日華植物区系」という区域になります。日華植物区系は日本列島から中国大陸、ヒマラヤ山地をへてアフガニスタンの東部までおよぶ区域になります。この地域は温暖多雨で、世界有数の多様な植物が見られる区域です。なお、沖縄と小笠原諸島はそれぞれ別の区域に分類され、両方とも大陸と海でへだてられていた影響により、固有種が多く存在します。世界有数の多様性をもつ3つの植物分布を有することからも、日本の森林のゆたかさがわかります。

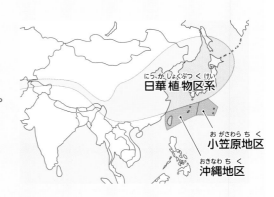

日華植物区系
小笠原地区
沖縄地区

＊もっとも多い木の種類：樹木を人間の胸の高さで伐ったときにその断面の面積を合計して、その森林のなかの30パーセント以上をしめている木の種類で数えている。

自然の力で育つ天然林

天然林ができるまで

人の力を借りず、自然の力でできた森林のことを「天然林」といいます。天然林のうち、もとは木のないところにできたものを「一次林」といいます。湿原が乾燥したところ、火山の溶岩が流れたあとなどにできます。溶岩が流れたところは栄養分が少なく、森林になるまでに長い年月がかかります。

❶
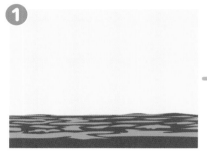
風などで運ばれたコケが生える。

❷
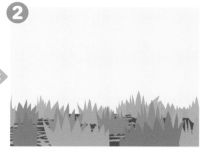
コケの上に草の種が飛んできて育ち、草むらができる。

❸

アカマツなど成長が速く日光を好む木（陽樹）が生える。

❹

陽樹の下にシイやカシなどの日かげでも育つ木（陰樹）が生える。

❺

陰樹が成長し日光があまり地面に届かなくなると陽樹がかれて陰樹がふえ、木の種類が一定になり森林が安定する。

いろいろな天然林

人の手がまったく入らない天然林（自然林、原生林）もありますが、里山のように自然の林を生かしながら、人が伐採したり育てたりするものも入ります。

里山林
人びとが燃料や資材として木を利用してきた森林。

奥地林
自然の力で長い年月をかけてできた森林。

原生林
奥地林のなかでも、人の手がこれまでほとんど一度も入っていないもの。

二次林
木の伐採や、山火事などのあとに、切り株から出た芽や土中にあった種が発芽して育ち、森林となったもの。

🌱 人が伐って育ててきた雑木林

雑木林とは里山林の一種で、複数の広葉樹が生えた森林のことをいいます。そこに住む地域の人びとが、木を伐ってまきや炭などの燃料にして、落ちた葉は肥料として使ってきました。伐採したあと、切り株から出てくる新しい芽を育てて大きくして、あるていどの太さになったらまた伐採することをくりかえし、自然の力を借りながら、人が育て利用してきた森林です。

燃やして燃料にするまきには、コナラやクヌギがよく使われる。

炭は、木を蒸し焼きにして酸素と水素をぬき、炭素だけにしたもの。煙が出ずに長時間燃える特徴がある。

木を伐採したあとの切り株からは、「萌芽」、または「ひこばえ」とよばれる新しい芽が出てくる。「萌芽を育てて伐採」をくりかえして雑木林を育てる方法を「萌芽更新」という。

伐採後2〜3年
萌芽がのびて育ち、そのほかの草も多く生えてきます。萌芽がよくのびるよう草かりをします。

伐採後4〜5年
成長状態のよい萌芽の2〜3本を選び、残りはかりとります。

ポイント！
近年は木が育ってもまきや炭を使わず、石油や天然ガスなどの化石燃料を使うようになり、雑木林は急速に減少しました。

さがしてみよう！
住んでいる町やその近くに、雑木林はあるかな。まわりのおとなにも聞いてみよう。

伐採後およそ10年
萌芽がのびてしだいに立派な木になります。木が育って林のなかは暗くなってきます。かれたり折れたりした不要な枝を切り落とします。

伐採後およそ20年
木が育ち、伐採前のすがたにもどりました。また伐採して、木を利用します。

もっと知りたい！

注目される「天然更新」

森林を伐採したあと、自然の力を借りて木を定着させて、森をつくっていくことを「天然更新」とよびます。「萌芽更新」も、天然更新の一種です。天然更新した森は、木の種類が多いため、病気や虫の害があまり広がらず、台風などの自然災害にも強いという長所があります。もともと天然林である雑木林以外にも、人工林を育てる林業でも天然更新をとりいれて、より強い森林をつくることが注目されています。

天然更新した広葉樹の森林
出典：北海道森林管理局ホームページ

人がはぐくむ人工林

人工林ができるまで

人が植林してできた森林のことを「人工林」といいます。多くは、木材を手に入れるために利用する「生産林」です。生産林の歴史は古く、16世紀にはすでに奈良で行われていたことがわかっています。苗木を植えてから木材として伐採できるまでには数十年かかります。樹木が成長したら、間伐をして生育環境を整えることが大切です。

キーワード
間伐
樹木が成長し森林が混んできたときに、一部の木を伐ってとりのぞくこと。森林に適度に日光が当たるようになる。

①別の場所で2〜3年かけて苗木を育てる。

②伐採後の森林で落ちている枝などをとりのぞいて地面を整え、苗木を植えつける。

③雑草をかったり、まっすぐ育つように余分な枝を切り落とす枝打ちをしたりする。

④森林が混んできたら間伐をして木と木のあいだをあける。

⑤伐採し、木材に加工し、また新しい苗木を植える。
写真提供：合原万貴

ポイント！
枝打ちは木が育つまでの25年くらいのあいだに4〜5回はします。

もっと知りたい！

人工林の整備に役だつ木質バイオマス利用

バイオマスとは、動植物から得られる再生可能なもの（ゴミやふんなど捨てられるものや、稲わらなど利用されていないもの、資源として栽培されているなたねやトウモロコシなど）でエネルギー源として利用できるものをいいます。今後、森林の環境整備を行ううえでも木質ペレットなどに加工できる間伐材の利用をふやすことが期待されています。間伐材を使った木質バイオマスで発電し、発生する熱を同時に農業のハウス栽培で活用するなど、地域内で完結するエコシステムを実現している事例も各地にあります。

バイオマス発電所。手前に発生した熱を利用したビニールハウスが見える。
写真提供：グリーン発電大分

🌱 木材を使った製品は？

木材は、建物や家具、楽器、紙の原料、まきストーブの燃料や炭などとして、さまざまに使われます。間伐した木も、木質ペレットやチップに加工され燃料となったり、おもちゃなどの小さな木製品、丸太を使ったログハウスなどに利用されます。

積み木

ギター

ログハウス

ストーブの燃料
（木質ペレット）

いす

> ⟶✦ さがしてみよう！ ✦⟵
>
> 学校のなかや、自分のもちもので、
> 木材を使ったものには何があるかな。

🌱 いろいろな人工林

人工林には、木材を入手する生産林のほかに、水をためる目的、土砂くずれや津波被害をふせぐ防災の目的、人びとのレジャーを目的とするものもあります。

海岸林

海からの風や風で砂が飛んでくるのをふせぐためにマツなどを植える。

公園の森

自然に親しみリラックスできる場所。最近は、その土地に昔から生えていた種類の木を植えて森を再現することがある。

鎮守の森

神社を囲むようにある森。天然林の場合もあるが、人が植林して育てた森も多い。

🔍 調べてみよう！

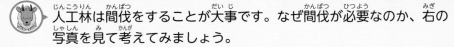
間伐をしないと森林はどうなる？

間伐された森林

🐐 人工林は間伐をすることが大事です。なぜ間伐が必要なのか、右の写真を見て考えてみましょう。

🧒 間伐をしないと、森林のなかに日光が入ってこないんだ。

👦 幹が太らず、弱くなってしまうんだね。木がたおれてしまっているよ。かわいそうだ！

🧒 間伐をした森林としない森林は、見た目の様子もぜんぜんちがうね。

🐐 間伐が森林にとって大切なことがよくわかりましたか。間伐ができないことがあるのはなぜなのかについても調べてみましょう。

間伐されていない森林

写真提供：林野庁

日本にある森林の種類

日本の天然林と人工林の割合

　森林は、しぜんに地面に落ちた種から発芽したり、切り株から出た芽がのびて育った「天然林」と、人間が種をまいたり、さし木をしたりして育てた「人工林」に分けられます。現在、日本の森林全体のなかで、天然林は約6割、人工林が約4割の面積をしめます。1950～60年代、建築用の木材を調達するため、天然林をスギやヒノキに植えかえる「拡大造林」が進んだため、人工林の割合が増加しています。

天然林と人工林の面積の割合

	天然林	人工林
1966年	7	3
2017年	6	4

出典：林野庁ホームページをもとに作成

キーワード
さし木
樹木が枝の切り口から根を出す性質を利用して、切り取った枝を地面に植えてふやす方法。

ポイント！
近年、天然林がへり、人工林がふえています。

天然林
天然林（➡12ページ）は、いろいろな種類の樹木がまざりあっている。

人工林
人工林（➡14ページ）の多くは、成長の速い針葉樹が植えられ、同じ種類の樹木が整然と立ちならぶ。スギがもっとも多く、次がヒノキである。

もっと知りたい！

日本の世界自然遺産はほとんどが国有林

　日本には、5か所の世界自然遺産がありますが、その土地の86パーセントは国が管理している天然林（国有林）です。国の保有する国有林内の原生的な天然林を保護し、貴重な生態系をまもるため森林生態系保護地域に設定し、地域と協力しながら、保護・管理を行っています。

世界自然遺産（都道府県）	知床（北海道）	白神山地（青森県・秋田県）	小笠原諸島（東京都）	屋久島（鹿児島県）	奄美大島、徳之島、沖縄島北部及び西表島（鹿児島県・沖縄県）
陸域面積にしめる国有林の割合	94%	100%	81%	95%	68%

出典：林野庁「世界自然遺産に登録された森林」をもとに作成

ブナ林が広がる白神山地では、これまで生息していなかったシカが区域内に入らないよう、モニタリング調査をしている。

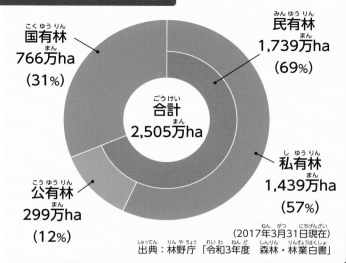

日本の森林面積の内訳

国有林
766万ha
（31%）

民有林
1,739万ha
（69%）

合計
2,505万ha

公有林
299万ha
（12%）

私有林
1,439万ha
（57%）

（2017年3月31日現在）
出典：林野庁「令和3年度　森林・林業白書」

森林には管理者がいる

　森林は、「だれが管理しているか」という点からも分類できます。大きくは国が管理する「国有林」とそのほかの「民有林」に分けられます。さらに、民有林は、林業をいとなむ人や会社が管理する「私有林」と都道府県や市区町村が管理する「公有林」に分けられます。

考えてみよう！

森林の管理はなぜ必要なのだろう？　管理をしなかったらどうなってしまうのかな。

政府の森林担当は「林野庁」

　国有林を管理する仕事は、農林水産省のなかの「林野庁」という組織が行っています。森林を所有し管理している組織では、地域と協力しながら、森林の生態系をまもったり、林業を活性化させたりしています。また、森林について人びとに知ってもらう活動の一つとして、毎年「森林・林業白書」をまとめています。国有林は水源地域に多くあるので、安全な水の供給や災害対策でとくに重要です。人の手が入らない自然のままの天然林（原生林）も多く、生態系の保全を管理することは国の大きな役割です。とくに生態系や生物の保全の必要な森林は、「保護林」に指定して管理をしています。

林野庁の役割

● 国有林の管理、経営　● 国有林の健全な育成
● 木材の計画的、持続的な供給
● 人と森林のふれあいの場の創造
● 民有林の整備　● 林業者への支援
● 山村の復興対策　● 林業への技術協力　など

林野庁は国の組織だけど、民有林の整備や林業の支援にもかかわっていますよ。

調べてみよう！

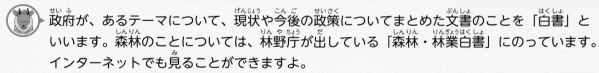

「ジュニア農林水産白書」って何？

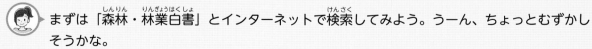

政府が、あるテーマについて、現状や今後の政策についてまとめた文書のことを「白書」といいます。森林のことについては、林野庁が出している「森林・林業白書」にのっています。インターネットでも見ることができますよ。

まずは「森林・林業白書」とインターネットで検索してみよう。うーん、ちょっとむずかしそうかな。

「ジュニア農林水産白書」というのもあるね。こっちはぼくたちにもわかりやすく書いてある！

ジュニア
農林水産白書
2022年版

農林水産省

ほんとだ。イラストもあってわかりやすい。「森林・林業」のコーナーに森のことや、林業の仕事について書いてあるね。

「白書」は毎年新しく発行されるので、最新のデータを調べたいときにも使えますよ。

森林の役割と生態系

森林は二酸化炭素を吸収し、おいしい空気をわたしたちにもたらしてくれます。また、水をたくわえ、きれいな水をわたしたちにめぐんでくれます。しっかりとはった森林の木の根は土砂が流れ出るのをふせぎ、災害からわたしたちをまもってくれます。さらに、森林は、さまざまな生きもののすみかになり、貴重な生態系をまもっています。森林のさまざまな役割を知ることで、わたしたち人間がいかに森林の助けを借りて生きているかがわかるでしょう。

20-21ページの「森林の役割」➡ 3巻「くらしと環境破壊」でくわしく解説します。

22-23ページの「保安林」➡ 3巻「くらしと環境破壊」でくわしく解説します。

さまざまな役割をもつ森林

くらしをささえてくれる森林

　森林は、木材を供給する以外にも、わたしたちのくらしをささえるさまざまな役割を果たしています。表面に落ち葉やかれ枝が積もり、小さな生物が生息する森林の土壌には、すきまがたくさんあり、水をたくわえることができます。また、多くの樹木が生えて根がはることで、地面や土と一体化し、さまざまな災害をふせいでくれています。

土が流されるのをふせぐ
木の根がはって、土のなかでからみ合い、たくさんの雨がふったときにも、土砂が流れ出るのをふせぎます。

人をリラックスさせ、楽しませる
森林の空気には人びとをリラックスさせる効果があります。また、季節によって変わる森林の美しい風景は、人びとを楽しませてくれます。

洪水をふせぐ
スポンジのような森林の土壌に地下水としてたくわえられた水が、少しずつ川に流れ出ます。その水量を調節して、洪水になることや、渇水して水不足になるのをふせぎます。

森林の機能をお金で表すと

　森林には、さまざまな機能がありますが、たとえばこの機能を人工的な設備にかえると、どれくらいのお金がかかるでしょうか。計算してみると、防災や環境をまもるさまざまな機能を合わせて1年に70兆円以上となります。

機能	1年の合計金額
大気中の二酸化炭素（CO_2）を吸収する	1兆2,391億円
化石燃料の代わりになる	2,261億円
土砂流出などの防止	28兆2,565億円
土砂くずれ、山くずれ、がけくずれなどの防止	8兆4,421億円
洪水のはげしさをやわらげる	6兆4,686億円
水をたくわえるダムのはたらき	8兆7,407億円
水をきれいにする	14兆6,361億円
レクリエーションなど※	2兆2,546億円
合計	70兆2,638億円

※「レクリエーションなど」は、自然の風景を観賞することを目的とした国内旅行の費用から算出
出典：林野庁資料をもとに作成

環境をまもるために森林は欠かせない

森林には、樹木の光合成によりきれいな空気をつくり出す、人が生活に使ったり飲んだりする水の供給源となるなど、わたしたちが生きる環境を整える役割もあります。多くの種類の生きもののすみかとなったり、遠くはなれた海の生きものに栄養をもたらすなどの役割もあり、生物多様性や生態系をまもる機能ももっています。

生きもののすみかになる

樹木が天敵からすがたをかくしてくれるなど、森林は多くの種類の生きものにとって生きやすい環境です。多様な動物のくらしもまもっています。

おいしい水の源となる

森林の土壌は、しみこんだ雨水をろ過する機能を果たす。化学物質や不純物をとりのぞき、ミネラルをとかしこみ、きれいでおいしい水をつくり出します。

キーワード

光合成

植物が太陽のエネルギーを使ってデンプンなどの栄養をつくり出すこと。その過程で、二酸化炭素を吸収し、酸素を出す。

二酸化炭素を吸収する

樹木は、光合成により二酸化炭素を吸収し、酸素を排出します。それによって地球温暖化の大きな原因である二酸化炭素などの温室効果ガスをへらすことができます。

もっと知りたい！

海をゆたかにする

森林の土壌でミネラルや栄養分をとかしこんだ水は川から海に流れ、海の生物にも栄養分をとどけています。

カーボンニュートラルって何？

カーボンニュートラルとは、地球温暖化をふせぐため温室効果ガスをいろいろな方法で吸収し、全体の量をゼロにすることをいいます。しかし、わたしたちの生活のなかでは、どうしてもへらすことのできない二酸化炭素が排出されます。

そこで注目されているのが森林です。木は二酸化炭素を吸収するので、植林を行ったり、いまある森林を適切に管理したり、木質バイオマス（➡14ページ）を燃料に使用することなどで、生活のなかでへらすことのできない二酸化炭素を排出した量と、森林が二酸化炭素を吸収する量がつり合い、「カーボン（炭素）」、「ニュートラル（中立）」を達成することをめざしています。これを「カーボン・オフセット」といいます。

カーボン・オフセット

2050年にカーボンニュートラルを達成するには……

排出量をへらした分と森林が吸収した分で「実質ゼロ」にする

現在の排出量 −（排出量をへらした分 ＋ 森林が吸収するなどした分）＝ ゼロ

| 排出量をへらした分 |
| 排出された分 |
| 森林が吸収するなどした分 |

二酸化炭素の排出量をへらしたうえで、どうしても排出をへらすことができない分を、植林や地球にやさしいエネルギーを使用するなどして「ゼロ」にする。

さがしてみよう！

自分が住むまちの水道水は、どこを水源としているのかな？

日本も2050年までにカーボンニュートラルを達成する宣言をしたんだ。

くらしをまもる保安林

保安林とは

　森林には水をたくわえたり土砂が流れることをふせいだり、人びとの心をいやしたりする役割があります。その役割をじゅうぶんに利用できるよう国や都道府県が保護しているのが「保安林」です。保安林は、伐採したり土地の形や使いかたを変更したりすることが規制されていて、違反すると法律で罰せられます。

東京都の奥多摩湖付近にある水源かん養保安林

保健保安林に指定されている東京都の高尾山

日本の森林の半分は保安林

　保安林の面積は約1,300万haで、日本の森林の約5割をしめており、国有林のおよそ9割が保安林に指定されています。
　国は、整備の行きとどいていない森林を管理・整備し、山地災害をふせぐとりくみを進めていることもあり、保安林の面積は年ねんふえています。
　保安林の種類のなかでもっとも多いのは、水をたくわえ川の水量を調節する「水源かん養保安林」で、保安林全体のおよそ7割をしめています。水源かん養保安林は、洪水や水不足をふせぎ、地域の人びとの生活用水を確保する役割を果たしています。

> **キーワード**
> ### 山地災害
> 山くずれ、土砂災害、地すべりなど山地で起こる災害のこと。山地災害は、土砂くずれしやすい斜面をコンクリートで固めたり、治山ダムをつくるなどの工事を行ってふせぐ。

保安林の面積のうつり変わり

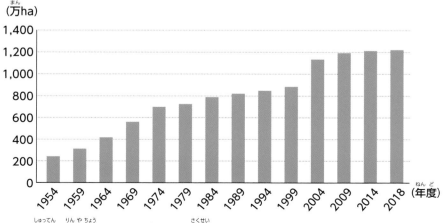

（万ha）

（年度）

出典：林野庁ホームページをもとに作成

保安林の種類別面積

保健保安林 70万ha

その他 45万ha

土砂流出防備保安林 261万ha

全体 1,300万ha

水源かん養保安林 924万ha

（2021年3月31日現在）
※面積はのべ面積。
出典：林野庁ホームページをもとに作成

いろいろな種類の保安林
があるんだね!

17種類の保安林

❶ 水源かん養保安林
水をたくわえ川の水量を調節する。

❷ 土砂流出防備保安林
樹木の根、落ち葉や下草がおおうことで土砂が流れ出すのをふせぐ。

❸ 土砂崩壊防備保安林
樹木の根がはることで土や岩をつなぎとめ、山くずれをふせぐ。

❹ 飛砂防備保安林
海岸の砂が家や田畑に飛んでくるのをふせぐ。

❺ 防風保安林
樹木によって風を和らげる。

❻ 水害防備保安林
川がはんらんしたときに、樹木のかべで洪水被害をふせぐ。

❼ 潮害防備保安林
樹木で津波や高潮のいきおいを止めたり、枝や葉で海風にふくまれる塩分をとらえ、農地の塩害をふせいだりする。

❽ 干害防備保安林
森林が水をたくわえることで、生活用水がかれるのをふせぐ。

❾ 防雪保安林
雪がふきこむのをふせぐ。

❿ 防霧保安林
森林に空気の流れを乱れさせて霧の移動をおさえ、被害をふせぐ。

⓫ なだれ防止保安林
森林の力でなだれの原因になる雪のかたまりの発生などをふせいだり、雪がすべるいきおいを弱めたりする。

⓬ 落石防止保安林
樹木の根で落石をつなぎとめたり、とらえたりして、落下の危険をへらす。

⓭ 防火保安林
燃えにくい種類の樹木を植えてかべにすることで、火事のときに燃え広がらないようにする。

⓮ 魚つき保安林
樹木によって水面にかげをつくり、栄養分をあたえるなどして、川や海の魚がくらすのを助ける。

⓯ 航行目標保安林
海や湖の岸の近くにある森林を、漁船などが目じるしに使えるようにする。

⓰ 保健保安林
人が散策してリラックスできる森林。地域の空気をきれいにする役割ももつ。

⓱ 風致保安林
名所や旧跡など、おもむきのある景色を構成している森林。

もっと知りたい!

わたしたちの使う水は森林がつくり出す

わたしたちが飲む水や生活に使う水は、おもに川からくみ上げて、ろ過や消毒をして水道で運ばれます。川から豊富な水を手に入れられるのは、森林が水をたくわえて川の水量を調節しているから。日ごろのくらしではわすれてしまいがちですが、森林がわたしたちのくらしに使う水をもたらしてくれているのです。林野庁では、森林の役割を知らせ、理解を深めるために、「水源の森百選」を選定しています。

「水源の森百選」に
選ばれた森林の所在地

出典:https://www.rinya.maff.
go.jp/j/suigen/hyakusen/

テーマその**3**

森のめぐみと人びとのくらし

人びとは昔から森のめぐみを受けてくらしてきました。木は道具や燃料として、木の実やキノコは食料として人びとの生活をささえてきたのです。そんな森を人びとは親しみつつも、あがめて信仰してきました。現在も、森や木にかかわり、それを仕事にする人たちも多くいます。わたしたちのまわりにある森は、そのような人びとの手でまもられ育てられ、木でできた製品ができるまでには多くの人がかかわっているのです。

26ページの
「古くからの森と人とのくらし」 ➡ 3巻「くらしと環境破壊」でくわしく解説します。

27ページの
「森と人との新たなかかわり」 ➡ 5巻「持続可能な社会」でくわしく解説します。

28-29ページの
「森と木を育てる・木を使う」「森や木からものをつくる」
➡ 2巻「林業と森林資源」でくわしく解説します。
「森と木をまもる」 ➡ 4巻「保全と共生」でくわしく解説します。
「森の魅力を伝える」 ➡ 5巻「持続可能な社会」でくわしく解説します。

人びとのくらしを助けてきた森

古くからの森と人のくらし

日本列島には、3万年以上前に人が住みはじめ、以来、森のめぐみを受けながら生活してきました。道具が発達していない時代にも、木は加工がしやすく、住まいや生活道具のほか、燃料としても使われました。縄文時代*の遺跡からは、人びとが森にあるさまざまな植物を食料としていたことがわかっています。

まきや炭など燃料として

木材を切り出して、まきや炭として燃料に。日びの炊事や暖房のほか、海水を熱して塩をつくる製塩などの大がかりなものにも使われた。

建物や生活道具として

木材を加工して食器や家具などの生活道具にしてきた。また、日本では、木を使った木造建築の文化が発達した。

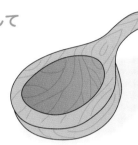

弥生時代になると、木のさじなどもつくられるようになった。

森の植物を食料に

クリやクルミ、トチノキなどの木の実、ヤマウドやワラビなどの山菜、ヤマイモなどの根菜を森で採集して食料にした。

船の材料として

多くの木が水にうく性質をもつため、日本だけでなく世界中で木造の船がつくられた。

ポイント!
クリは、実をとって食べるためや、枝や幹を加工して生活道具にするためによく使われてきました。

ポイント!
縄文時代には、大木の丸太をくりぬいた丸木舟がつくられました。

もっと知りたい！

日本とヨーロッパの森のイメージのちがい

日本では、森はまちからはなれた険しい山にあるイメージですが、世界中同じではありません。ヨーロッパの多くの国ではなだらかな低い丘をおおって森があり、まちと森との距離はとても近いものです。19世紀のはじめごろのドイツでは、手入れされないうっそうとした暗い森がまちの近くに広がり、森には神秘的で危険な場所というイメージがありました。そのころに編まれた「グリム童話」には、そのイメージが反映されています。しかしその後、森の管理がはじまり、いまでは森は、人びとが歩いたりサイクリングをしたりしてリフレッシュする身近な場所として、親しまれています。

ドイツでは、人の住むまちと牧場と森が一体となって見られる。

山や森や木をあがめてきた日本人

　日本では古くから、山は神や霊が住む場所としてあがめられました。仏教の僧などが一定期間、山に入って修行をする風習も長く伝わっています。山の森の木を伐るときや、建物を建てるときに、お供えをして神にいのる儀式も多く伝わっており、山や森は信仰の対象にもなってきました。

　また、神社の「ご神木」のように、特定の大きく古い木をあがめることもよくあります。神を「一柱」「二柱」と数えることにも、森や木を神聖なものと見る日本人の考えかたが表れています。

森と人との新たなかかわり

　日本では昔から木に親しみ、木を利用してくらしてきましたが、いまではプラスチックなど、木以外の素材でつくられた製品が広まり、燃料として木が使われることも少なくなりました。しかし、森には近年、人にめぐみをもたらす新たな効果があるとわかってきました。それが森が人の感覚にあたえる影響です。森には、木の成分の香りやきれいな景色によって、体や気持ちをリラックスさせたり、ストレスを和らげたりする力があるといわれ、医学的な面からも研究が進められています。

さがしてみよう！

散策してリラックスできるような森は近くにあるかな。木がたくさんある公園でもいいよ。

もっと知りたい！

木を使った漢字

　東アジアでは、木の建造物や道具などをつくり、木の文化に親しんできました。そのため中国で生まれた漢字には、木を使ったものがたくさんあります。「木」という漢字は、木の枝が空にのびておおいかぶさっている様子を表した象形文字です。木の文字とほかの文字を合わせて、たくさんの漢字がつくられ、使われています。樹木の部分を表す「枝」や「根」、種類を表す「松」や「杉」、木を材料にした道具を表す「板」や「橋」など、木を使った漢字の成り立ちを調べてみましょう。

「根」（ね・コン）
「艮」は「コン」と読み、食いこんでとれないという意味。木が土に食いこんでとれない部分を表す。

「桜」（さくら・オウ）
旧字体は櫻。「嬰」は「エイ・オウ」と読み、首かざりを表し、首かざりのようにさくらんぼを実らせる様子を表す。

「机」（つくえ・キ）
「几」は「キ」と読み、つくえを横から見た様子を表す。

嗅覚への効果
木ぎが発生する香り成分にリラックス効果がある。

視覚への効果
葉の緑や紅葉、森の美しい風景を見て安らぐ。

聴覚への効果
川の流れる音や、野鳥の鳴く声、枝や葉が風にゆれる音を聞く。

触覚への効果
落ち葉やコケでふかふかした地面を歩いて楽しむ。木材でできた家具や生活道具は、手ざわりがよくぬくもりを感じるという人も多い。

森や木にかかわる人びと

森や木にかかわる仕事

日本には、木材となる木を育てる林業者や、木でものをつくる職人など、森や木に深くかかわり、それを仕事とする人が古くからいました。

さらに、森林保護が重要とされている現代では、森林をまもる仕事にたずさわる人も多くいます。また近年、子どものころから自然への理解を深めるための環境教育が大切だとされており、森林の魅力を伝える仕事にたずさわる人びともふえています。

森を 育てる 木を 使う

林業にたずさわる林業者

木を植え、育った木を伐採し売りに出す。

森林組合

林業者がお金を出し合ってつくる組織。地域の森の伐採や植林の計画を立て管理する。

製材工場・材木商

林業者が出荷した木をものづくりに使いやすい木材に加工する。

育てた木を伐採する林業者

木を加工して販売する材木商

森と木を まもる

大学や研究所の研究者

木や森の専門家以外にも、菌の研究者、土の研究者、気候や動物の研究者なども森にかかわる。

熱帯林の土を調べる研究者

樹木医

木も菌や害虫や環境悪化などで病気になる。木の病気を専門になおす。

森林官

国家公務員。国有林の調査や管理などを行い、森林をまもる。

国有林の調査を行う森林官
写真提供：林野庁

国立公園の調査を行う自然保護官
写真提供：環境省

自然保護官

国家公務員。国立公園を管理したり、あれた環境の森林などを地域の人と協力しもとにもどす活動をしたりする。

森林ボランティア

各地で、住民が主体となって地域の森の環境を保全するボランティアが活動している。

地域の森の手入れを子どもたちと行う森林ボランティア
写真提供：NPO法人信州フォレストワーク

森をまもる人がいるから、森が健康に育つんだね。

森や木からものを つくる

職人やメーカー

木を材料にしたものはたくさんある。それをつくる職人や会社もさまざまだ。

漆器づくりのために木をおわんの形にする木地師

バイオリンをつくるバイオリン製作者

製紙会社

紙も木を材料にしている。

製紙工場で働く人
写真提供：大日製紙

キノコ生産者

木に菌を植えてつくるキノコも森のめぐみの一つ。

原木からシイタケを収穫する生産者

まきや炭の生産者、木質燃料会社

昔ながらのまきや炭のほか、木質ペレット（➡15ページ）など新しい燃料も注目されている。

炭焼きがまで作業する生産者

森のなかにいなくても、森とかかわってはたらく人はいっぱいいるんだね！

森の魅力を 伝える

木育インストラクター

おもに子どもに向けて、木製品のよさや木とふれあう楽しさを教える。

森林インストラクター

森を案内しながら、森の動植物や林業、森の危険やマナーを教える。

小学生に森林の見方を教える森林インストラクター
写真提供：森林インストラクター東京会

博物館の学芸員

博物館で、展示の説明やイベントを通して、地域の森や木についての知識を伝える。

木製家具や紙を使ったり、木のあるところを散歩したり、わたしたちはみんな、森や木のめぐみを受けてくらしているんですよ。

森林と生物多様性

陸でくらす約150万種の生きもののうち、およそ8割が、森林でくらしているといわれています。さまざまな種類の樹木、草木による多様な空間が生み出される森林。そこにくらす生きものたちを見ていきましょう。みなさんも森林のなかに入って、地面をさわったり、においをかいだり、樹の皮をさわったりしてみましょう。いろいろな生きもののすがたが見つかるはずです。

38-39ページの「生物多様性と食物連鎖」
➡4巻「保全と共生」でくわしく解説します。

さまざまな生きものが住む森林

動物にとってくらしやすい森林

日本には9万種以上の生きものが生息しているといわれており、その多くが森林でくらしています。森林には肉食動物にとっても草食動物にとっても食物が豊富にあり、生いしげった木や下草にすがたをかくすこともできます。環境が整っているので、さまざまな生きものがくらしています。木のうろ、地面のしげみのかげなど、それぞれの種の特徴に合った場所で生活しています。

木のうろをすみかにする生きもの

ツキノワグマ

本州、四国に生息。胸に三日月形の模様がある。木の実や昆虫を食べる。大木の根もと近くのうろをすみかにすることが多い。冬には冬眠する。木のぼりが得意で、木の上で木の実をとって食べる行動も観察されている。樹上でクマが食事をしたあとを「クマだな」とよぶ。

キーワード

うろ

木にきずがつくと、そのきずが長年のあいだに大きく広がりあなになることがある。そのあなのこと。身をかくせて、寒さ暑さをしのげるので、多くの動物がすみかとする。

クマだな

ムササビ

本州、四国、九州に生息。夜行性で、木の上で生活し、木の実や芽を食べる。前足と後ろ足と尾のつけ根のあいだにあるまくを広げて、木の高いところからほかの木の低いところに向かってグライターのように飛んで移動する。木のうろで子育てを行う。

フクロウ

国内には11種類が生息していて、日本各地に生息するもの、特定の地域にのみ生息するものがいる。夜行性の猛禽類＊。ネズミやヘビ、小鳥などをとらえて食べる。木のうろをねどこにすることが多い。

ニホンリス

本州、四国に生息。巣は小枝や木の皮などで木の上に丸くつくり、クルミやドングリなどを食べる。冬の前に食べものを土のなかや枝のあいだにためる「貯食」をする習性がある。木のうろで子育てを行う。

　＊猛禽類：獲物をとらえるのに適した体に進化した鳥類。よく見える目、するどいつめとくちばし、強い脚をもつ。

森林のしげみや土のなかをすみかにする生きもの

タヌキ

北海道から九州までに生息。家族単位で生活する。夜行性。くだものや昆虫、カエルやヘビを食べる。数頭が同じ場所にフンをする習性があり、森を観察すると、「ためフン」というトイレ場所を発見できることがある。

キツネ

北海道から九州まで生息。夜行性。木の実やくだもの、昆虫のほか、ネズミやウサギをとらえて食べる。

ヒグマ

北海道に生息。日本の陸上に住む動物でいちばん大きい。木の実を好むが、シカやサケなどを食べることも。

ニホンジカ

日本各地に生息。樹皮や木の芽を食べる。角を樹木にすりつける「角とぎ」をすることがあり、生息地域の樹木にはそのあとがついていることもある。

ニホンイノシシ

本州、四国、九州に生息。木の実や植物の根や芽、昆虫などを食べる。「ウリ坊」とよばれる子どものイノシシは背中にしま模様があり、木の枝や葉が重なると敵が見つけづらくなる効果があるといわれる。

アカネズミ

日本国内に広く生息。夜行性で、植物の種や昆虫、くだものなどを食べる。地面にあなをほって住み、そのときに食べる数十倍の量の食べものを巣あなに運んで貯食する。

🔍 調べてみよう！

森林が動物から受ける被害とは？

🦌 森林では、動物によって、林業や防災としての森林の機能に被害が出ています。林野庁のホームページで、動物による被害を調べてみましょう。

👧 約7割はシカの被害なんだね。木の皮を食べられちゃったり、低い枝やまわりの草が食べられちゃうんだって。

👦 角で木にきずをつけて、木がいたむこともあるんだね。クマが木の皮をはぐ被害もあるんだ……。

🦌 虫の被害も気をつけないといけません。

👦 松くい虫の被害が大きいんだね。こんな小さな虫が大きな木をからしてしまうなんてびっくり！

> **考えてみよう！**
> 動物による被害は、害をおよぼす動物の数がふえたことも原因といわれる。なぜふえたのかな。

👧 ナラ菌に感染して集団でナラがかれる被害もあるって。菌に感染するなんて、人間と同じだね。

🦌 どんな対策があるのかも調べてみましょう。

生きものがくらしやすい「樹冠」

「樹冠」をすみかにする生きもの

樹木は、太陽の光をもとめて高さをのばし、何年もかけて成長すると、地上から20〜30メートルくらいの場所に葉がたくさんしげる場所ができます。この部分を「樹冠」といい、いくつもの木の樹冠がならんだ場所を「林冠」といいます。林冠には、鳥や虫、小動物がたくさんくらしています。地上にいる

大きな動物から身をまもるためにも、樹冠はよい場所です。

ちがう種で集まって行動する、ふだんは地面でくらしていても食べものをとるためにじょうずに木のぼりをする、産卵のときには水辺に行くなど、それぞれの種は、さまざまな生存戦略をもっています。

キーワード
生存戦略
その種が生き残るためにとる方法。遺伝として受けつがれるものも、学習して得るものもある。

オオタカ
日本各地に生息する猛禽類。鳥やネズミ、ウサギなどをとらえて食べる。子育てをするときには、高い木の枝に巣をつくる。

ニホンザル
本州から九州まで広く生息。群れでくらし、果実や木の実、木の芽、キノコ、昆虫を食べる。木の上で生活し、木から木へジャンプして移動する。

アカゲラ
本州中部以北に生息する中型のキツツキ。木の幹にたてにとまって、くちばしで樹木にあなをあけて、昆虫をつかまえて食べる。幼虫の少ない季節には木の実も食べる。巣も木にあなをあけてつくる。

ヤマガラ

日本各地の広葉樹林に生息。キツツキの
あけたあなを利用して巣をつくることが
多い。木の実や昆虫を食べる。冬にそな
えて、貯食行動もする。

シジュウカラ

日本各地に生息。山地の林から平地
まで住んでいるが、市街地、住宅地
でも見られる。昆虫や植物の種を食
べる。冬には、エナガ、ヤマガラ、コ
ゲラ、メジロ、ゴジュウカラなど、ほ
かの種と群れをつくる「混群」が見
られる。おおぜいで集まるほうが、
敵から身をまもりやすい、虫などの
食べものをさがしやすくなるなどの
理由があるといわれる。

エナガ

日本各地に生息。昆虫や木の実
を食べる。コケやガのまゆ、ク
モの糸などを使い、つぼのよう
な形の断熱性の高い巣をつくる。
子育てでは、つがい以外も協力
し合うことが知られている。

ニホンアマガエル

日本各地に生息。昆虫などを食べる。産卵
時には池や水田に行き、オタマジャクシか
らカエルになると陸上に上がり、木の上、
葉のうらなどに住む。冬は地中で冬眠する。

アオダイショウ

日本各地に生息するヘビ。地中
にあなをほってくらすが、木の
ぼりが得意で小鳥や巣にある卵
を食べる。地上では、ネズミな
どの小動物をとらえて食べる。

 調べてみよう！

博物館で森林の動物や植物を調べるには？

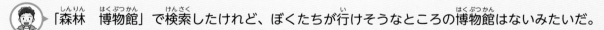

森林の動物や植物に興味をもったら、博物館に行ってよりくわしく調べてみましょう。どんな博物館があるかな。

「森林　博物館」で検索したけれど、ぼくたちが行けそうなところの博物館はないみたいだ。

では全国の博物館のリストから、近くの博物館をさがしてみましょう。森林専門の
博物館でなくても、地域の博物館が、地域の森林や動植物についても展示している
ことがありますよ。

ほんとうだ！　市の博物館では、森にいる動物について展示しているって。

博物館は展示を見るだけでなく、資料を使って調べものもできます。事前にたのん
でおくと、学芸員が準備してくれたり、調査を手伝ってくれたりもしますよ。

おもしろそう！　行ってみたい！

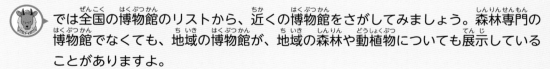
╰さがしてみよう！╯

そのほかにも全国各地に探
鳥会や自然観察会など、動
物や植物の見方、楽しみか
たを体験しながら教えてく
れる団体もあるよ。近くの
団体をさがし、機会があれ
ば参加してみよう。

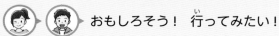

森林をはぐくむ昆虫や菌類

樹木の栄養分をつくり出す昆虫

樹木や多くの植物のある森林には、さまざまな昆虫が住んでいます。それぞれの種の性質に合わせて木のなか、枝、葉のうら、しげみなど、いろいろな場所が生活場所になります。寿命が終わり、かれてくさりかかった「くち木」も、多くの生きもののすみかです。

落ち葉の下や土のなかにも多くの生きものが住み、動物のふんや死がいを食べる昆虫もいます。落ち葉やくち木、死がいは生きものが食べたり分解したりすることで、土にかえって、樹木やほかの植物の栄養分となります。昆虫は、木が育つうえで大切な役割を果たしています。

オオクワガタ

日本全国の各地に生息。昼間は木のうろにかくれ、夜活動してコナラやクヌギの樹液をすう。くち木や倒木に産卵し、生まれた幼虫はくさった木を食べて育つ。

オオクワガタ
の幼虫

アサギマダラ

日本全国の低山の樹林帯に分布。春から夏にかけて南から北へ移動し、秋になると南へ移動する、旅するチョウとして知られる。

シロアリ

北海道南部から九州、沖縄の広い地域に生息。女王アリを中心に何万匹もの家族で生活してくち木を食べ、木の分解を速める。

シロアリの巣

擬態する
ナナフシ

ナナフシ

本州の関東以南、四国、九州の各地の雑木林に生息。国内には31種類が生息するといわれる。夜行性で、昼間はあまりうごかず木や枝に擬態してかくれている。

森林は植物や菌類も多種多様

森林には、樹木以外のたくさんの植物や、菌類も生きています。樹木の根もとには、低木や下草が生え、樹木にまきつくつる性の植物もあります。地面や倒木にはコケが生え、ふかふかの地面をつくります。キノコは胞子でふえる菌類の一種で、落ち葉や死がいなど土壌の栄養分で生えるもの、木のきずや、倒木、くち木に生えるもの、生きている木の根から生えるものがあります。

アオキ

本州の関東以南、四国、九州、沖縄に分布する常緑低木。日かげでも育つので暗い森林内にも多い。冬に赤い実がなり、鳥が好んで食べる。

キーワード

菌類

近年は、動物でも植物でもない第3の生物群と考えられている。おもに動植物の死がいを分解することで栄養分を得て生きる。

テイカカズラ

本州から九州まで分布するつる性の植物。大きな木にまきついてのび、高さは10メートルにもなる。初夏に白い花をさかせる。

マツタケ

おもにアカマツの根に寄生して生えるキノコ。生育環境などがまだくわしくわからず、人工栽培ができない。

ゼンマイ

日本全国に生息。胞子でふえるシダ植物の一種。林の下のしめった場所を好んで生える。若芽は山菜としても有名。

マイタケ

ミズナラやコナラの古木の根もとあたりに生えるキノコ。かさが何重にも重なって、一株が重さ5キログラムほどに達することもある。

もっと知りたい！

身近な森林に動植物をさがしにいこう

森林で生きものを観察するときは、地面に近いところ、木の上など、いろいろな高さ、方向から見ると、多くの生きものを見つけることができます。鳴き声に耳をすませ、葉のうらやしげみのあいだもじっくりさがすことが大事です。夜、樹液に集まる虫は、くだものやハチミツ、酢を使ったえさを幹にぬって集めることもできます。見つけた生きものは、写真をとっておくと図鑑などで調べるときに便利です。さしたりかんだりする動物もいます。危険がないように服装にも気をつけましょう。

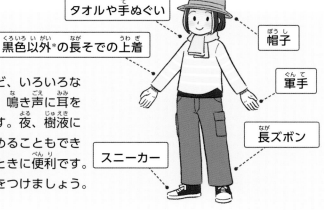

タオルや手ぬぐい

黒色以外*の長そでの上着

帽子

軍手

長ズボン

スニーカー

＊黒色の服はスズメバチに攻撃されやすいため。　37

生物多様性と食物連鎖

生物多様性とは？

地球上には、動物、植物、菌類など、さまざまな生きものが陸や海でくらしています。現在わかっている生物の種類は、全世界で約175万種あります。まだ知られていない生きものをふくめると、諸説ありますが、500万〜3,000万種になるのではないかといわれています。これらの生きものは単独では生きていくことができず、たくさんの生きものとかかわり合っています。この多様な生きものの命のつながりを、「生物多様性」とよびます。

生物多様性の「多様性」には、おもに生態系の多様性、種の多様性、遺伝子の多様性の3つの意味があります。

生態系の多様性

森林、湿原、河川、サンゴ礁など、いろいろなタイプの自然、生きものがくらす環境があること。

種の多様性

動物、植物、微生物など、いろいろな種類の生きものが存在していること。

遺伝子の多様性

同じ種のなかでも、ことなる遺伝子があり、形や模様、生態などの個性が多様にあること。たとえばアサリは一つ一つ模様がことなる。

生物多様性が危ない

わたしたち人間のいとなみによって、生物多様性は現在、大変な状況におちいっています。地球温暖化による気候の変化や環境汚染によって動植物が生活する場所がなくなったり、食料や燃料などの資材として、とりすぎて個体数がへってしまったり、外来生物をもちこんで、その土地にいた生物の生活環境を変えてしまったりすると、生物多様性のバランスがくずれてしまうのです。

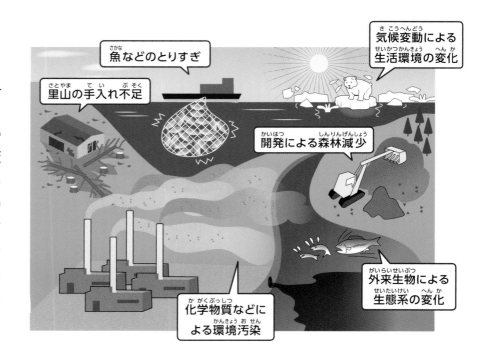

魚などのとりすぎ

里山の手入れ不足

気候変動による生活環境の変化

開発による森林減少

化学物質などによる環境汚染

外来生物による生態系の変化

生物多様性条約の3つの目的

①

地球上の多様な生物を、くらす環境とともに保護する。

②

生物資源をとりすぎず、持続可能に利用する。

③

生物の遺伝情報から得た利益を公平に分ける。
(生物の遺伝情報などをもとに医薬品など、新しいものを開発した場合は、その遺伝情報をもつ生物が住む国にもその利益を分けるなど)

世界の国ぐにの協力

貴重な生物多様性を維持していくためには、地球上のすべての人が協力し合っていかなくてはなりません。そこで、1992年に「生物多様性条約」が採択され、日本を含めた196の国と地域などが締結しています。この条約のもとで開かれる会議がおおむね2年に1回開かれています。

国連は2010年を「国際生物多様性年」として、条約の3つの目的を達成するための認識を高める年としました。

命のつながり「食物連鎖」

多様な生きものの命のつながりがあらわれたものに、「食べる」「食べられる」関係である食物連鎖があります。ここでは森林の食物連鎖を考えてみましょう。草食動物が、草や木の実を食べ、肉食動物が草食動物を食べます。それらの動物のふんや、死がい、落ち葉やかれた木を虫や小動物が食べ、土のなかの微生物が、それらを分解して土のなかの栄養分となり、その栄養分で樹木や草が育ちます。

食物連鎖のどれか一つが欠けても、バランスはくずれてしまいます。

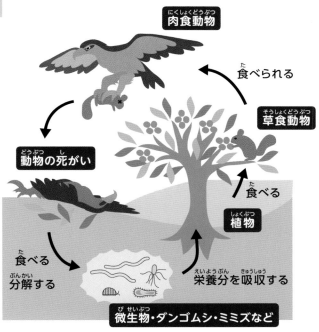

肉食動物

草食動物

食べられる

動物の死がい

食べる

植物

食べる

分解する

栄養分を吸収する

微生物・ダンゴムシ・ミミズなど

もっと知りたい!

外来生物って何?

ある地域にもとから住んでいた生物を「在来生物(在来種)」、人間のいとなみによって、外からもちこまれた生物を「外来生物(外来種)」といいます。外来生物は、在来生物を食べたり、在来生物の生活環境をうばったりすることがあるので、外来生物が入ってくると、在来生物の数がへる、絶滅するなど、もともとの生態系のバランスがこわれてしまいます。

そこで外来生物をふやさないようなさまざまなとりくみがされています。その一つとして、国が定めた法律の「外来生物法」では、とくに生態系や人間の生活への影響が大きい動物・昆虫・植物を「特定外来生物」ととり決め、飼ったり、輸入したり、販売したり、植えたり、野生にはなしたりすることを禁止しています。

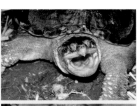

特定外来生物のカミツキガメ(上)、アライグマ(下)

テーマその**5**

持続可能な森林へ

世界の森林はいまも減少しつづけており、その原因となっているのは人間がくらしをゆたかにしようとするためのさまざまないとなみです。しかしこのまま森林が破壊されると地球環境に大きな影響をおよぼすことになります。わたしたちのゆたかな森、命をはぐくむ森の減少をくいとめ、つないでいくために、世界の国ぐにで協力して森林をまもり、ふやしていかなければなりません。森林をまもることは、わたしたちの未来をまもることとつながっているのです。

42-43ページの「森林減少」 ➡ 3巻「くらしと環境破壊」でくわしく解説します。
45ページの「森林とSDGsの関係」 ➡ 5巻「持続可能な社会」でくわしく解説します。

へりつづける世界の森林

森林の減少スピードは低下

世界の森林面積は減少をつづけていますが、減少するスピードは少しずつ落ちています。それは、世界各地で植林などが進んで面積が増加した森林もあること、減少に歯どめがかかっている国もあることが影響しています。

2010年から2020年のあいだに森林が純減＊するスピードがもっとも速い地域はアフリカで、現在もそのスピードは加速しています。2番目に速いのは南米ですが、減少スピードは落ちています。

> **ポイント！**
> 2020年、世界の森林の93パーセントが天然林、7パーセントが人工林です。1990年以降、人工林面積は日本の国土の約3.3倍にあたる1億2,300万ha増加しました。

地域別の森林面積のうつり変わり（1990年〜2020年）

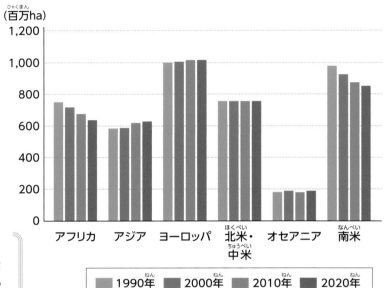

（百万ha）

凡例：1990年　2000年　2010年　2020年

出典：FAO「世界森林資源評価（FRA）2020」をもとに作成

人間のいとなみが森林をへらす

森林がへるのには、人のくらしが大きく関係しています。古くから、燃料や建築資材として過度な伐採が行われて森林がなくなる事例は世界各地にありましたが、森林の減少スピードが上がったのは文明が発達した19世紀以降です。20世紀には世界各地で人口がふえた影響で農地などが開かれ、森林が失われました。

森林減少の原因

農地や牧草地への変更

人口がふえると大量の食料が必要になる。木を伐ったり、森林を焼き、畑や田んぼ、牧草地に変えることで、多くの森林が減少した。

森林を開いてつくられた牧場（ブラジル）

燃料として木を伐採

途上国では、現在でも燃料としてまきや炭を使う。暖房や調理のための燃料を得るためにたくさんの木が伐採されている。

まきを運ぶ少女（アフリカ）

へらない違法伐採

木材にするためや、開発のための伐採のなかには、違法なものも少なくない。違法伐採は木を伐りすぎたり、伐ってはいけない土地の木を伐採することが多いため、森林破壊の原因になる。

違法に伐採され、燃やされた森林（ブラジル）

　＊純減：減少した分から増加した分を引いたもの。

森林が減少するとどうなる？

　森林は多くの生物のすみかとなっているため、ある地域の森林がなくなれば、種が絶滅することもありえます。とくに、世界の森林面積の45パーセントをしめる熱帯林には、生物の種の半分以上がくらしているといわれ、生物多様性の維持が大きな課題です。森林が失われたあとは、植物が生えない土地となる砂漠化という現象が起こったり、二酸化炭素を吸収する樹木がへるため、大気中の二酸化炭素濃度が上昇し温暖化をまねいたりします。土砂くずれなどの災害も起こりやすくなります。

地球温暖化

　大気中の二酸化炭素の濃度は、年ねん上昇している。化石燃料の消費のほか、森林がへることで樹木が吸収する二酸化炭素の量がへることも大きな要因。二酸化炭素濃度の上昇は、地球温暖化につながる。

大気中の二酸化炭素の世界平均濃度

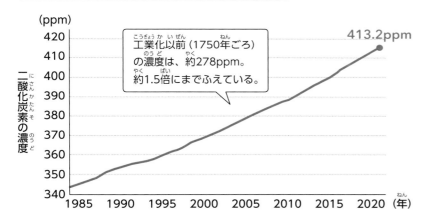

二酸化炭素の濃度（ppm）

工業化以前（1750年ごろ）の濃度は、約278ppm。約1.5倍にまでふえている。

413.2ppm

1985　1990　1995　2000　2005　2010　2015　2020（年）

出典：気象庁「気候変動監視レポート2021」

砂漠化

　森林が失われ、地面がむき出しになると、強い雨で表面の土が流されやすくなる。栄養分のある土がなくなると、そのあとは植物が育つことがむずかしくなってしまう。

災害の増加

　樹木の根は地中にはり、土や石をつなぎとめている。森林が減少し樹木がへると、土砂くずれが起こりやすくなる。地中で水をためる力も弱まるので、大雨がふると、一気に川の水量がふえ、洪水被害にもつながる。

インドネシア・カリマンタン島の地すべり

　手入れされていない森林は、森林がなくなったのと同じように、土や水をつなぎとめる力が弱まるので、災害の原因になります。

もっと知りたい！

マングローブ林もへっている

　マングローブ林とは、熱帯や亜熱帯の河口や湾など、海水と淡水がまざる場所に生える熱帯林の一種です。塩分の排出やろ過ができる特殊な樹木が生え、多くの生きものがくらし、地中の炭素蓄積量がとくに多いことでも知られています。マングローブ林の減少は、生物多様性や地球温暖化に大きな影響をあたえています。東南アジアではその大きな原因がエビの養殖池に変わったことだといわれます。日本はエビの大量消費国。日本人もマングローブ林の減少にかかわっているのです。

地上から見える根のあいだは、魚が産卵場所にしたりかくれ場所にしたりしている。

地球環境に貢献する森林

🌱 持続可能な森林をつくるには？

　木は、むやみに伐りすぎるとなくなり、「はげ山」になってしまいます。しかし、まったく伐らないでいると、森林は混み合い、日光が当たらなくなり、木はやせおとろえてしまいます。また、木を伐らずにいると森林は高齢の木ばかりになり、森林のもつ機能はおとろえてしまいます。

　持続可能な森林をつくるためには、木を伐る量と、植える量のバランスがとれていることが大切なのです。

キーワード

持続可能
将来にわたってつづけることができる、という意味。英語の「sustainable」（サステイナブル）の訳語として使われている。

伐る → 使う → 植える → 育てる → 間伐する

持続可能な森林

💬 もっと知りたい！

世代交代をくりかえす木

　樹木は、枝が折れても新しい枝をのばす再生能力にすぐれ、「リグニン」という物質のはたらきで、一部がかれても全体は死なない性質があります。その結果、何千年も生きる木もあります。

　木から落ちた種から芽が出て、木に育つために必要なのは、日光です。老いた木がかれたりくちたりすると、そこにすきまができ、森林に光がさしこみます。そうすると、幼い木が成長しやすくなるのです。老いた木から若い木へと世代交代をくりかえして、森は生きています。

ブナの寿命は300年前後といわれています。

ブナの木の一生

芽が出る → ブナの芽 → ブナの幼木 → ブナの成木 → くちる → ブナのくち木 → ブナの種 ← 種が落下する

出典：全国林業改良普及協会「森林・林業教育シリーズ　9．木の一生」をもとに作成

木材を利用することが環境をまもる

木は、伐って利用しても植えて育てればまた利用することができます。さらに、1本の丸太からは柱や板などの建築用の製材のほかに、樹皮からは紙の原料となる木材パルプがとれ、おがくずからは木質ボードや木質バイオマス（➡14ページ）が生み出され、すてるところはほとんどありません。

また、木は成長しているあいだに二酸化炭素を吸収するだけでなく、伐られたあともその二酸化炭素をたくわえたまま、最終的には微生物に分解されて、土にもどります。木は環境にやさしい素材であり、木材を積極的に利用することが環境をまもることにつながります。

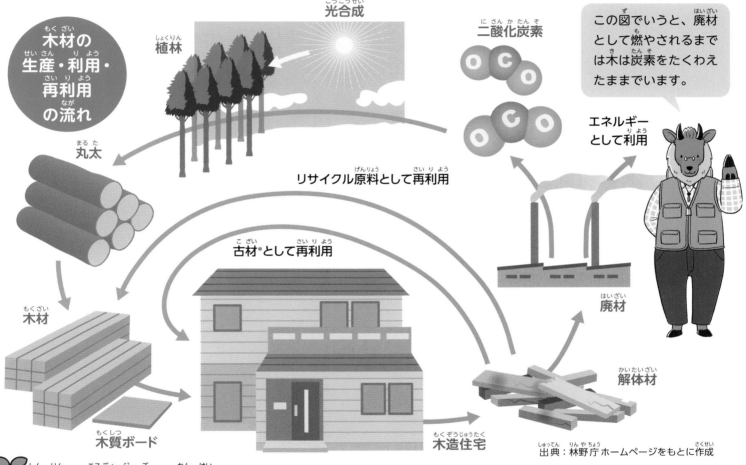

木材の生産・利用・再利用の流れ

光合成
植林
丸太
二酸化炭素

この図でいうと、廃材として燃やされるまでは木は炭素をたくわえたままでいます。

リサイクル原料として再利用
古材*として再利用
木材
木質ボード
木造住宅
解体材
廃材
エネルギーとして利用

出典：林野庁 ホームページをもとに作成

森林とSDGsの関係

地球温暖化や自然災害の増加などが地球規模の課題となっているなか、二酸化炭素を吸収し、水をはぐくみ、災害をふせぐという森林の機能がますます注目されています。その証拠に、SDGs（持続可能な開発目標）の目標15「陸の豊かさも守ろう」のなかにも持続可能な森林の経営により森林減少をふせぎ、世界の森林をふやすことが掲げられています。SDGsの目標を達成するためには、世界の国ぐにが協力し合って森林をふやし、適切な形で管理していかなければなりません。わたしたちが森林に親しみ、木の製品を利用することが、世界の森林をまもることにつながります。

キーワード

SDGs（エスディージーズ）
地球規模の環境破壊が進んでいることを背景として、2015年に国連総会で採択された17の目標。2030年までにすべての人が平和で健康的なくらしを送ることができるよう、具体的な目標と達成基準が示されている。

SDGsの目標15「陸の豊かさも守ろう」

*古材：古い木材のこと。建て替えなどのときに以前の住宅で使用していた柱などの木材を使うことがある。

さくいん

参考文献

海野聡 『森と木と建築の日本史』 岩波書店 2022年

白石則彦監修、NPO法人MORIMORIネットワーク編 『日本の林業 ①-④』 岩崎書店 2008年

鈴木京子・赤堀楠雄・浜田久美子 『基礎から学ぶ 森と木と人の暮らし』 農山漁村文化協会 2010年

瀬長剛絵・文 『里山の自然 雑木林の20年』 偕成社 2021年

田中惣次 『本当はすごい森の話——林業家からのメッセージ』 少年写真新聞社 2016年

七尾純 『森の総合学習 ①-④』 あかね書房 2004年

本間慎監修、こどもくらぶ編 『わたしたちの地球環境と天然資源 ②森』 新日本出版社 2018年

三俣学・齋藤暖生 『森の経済学 ——森が森らしく、人が人らしくある経済』 日本評論社 2022年

編集	株式会社桂樹社グループ（狩生有希）
装丁・本文デザイン	ごぼうデザイン事務所（永瀬優子、大山真葵）
執筆	安藤千葉
キャラクターデザイン	小川かりん
イラスト	上垣厚子（6-7ページ、8-9ページ）
	小川かりん（27ページ、28-29ページ、37ページ）
	寺平京子（7ページ下、10-13ページ、26ページ、38-39ページ、44ページ下、45ページ）
	矢寿ひろお（4ページ、44ページ上）
撮影	齋藤純那（5ページ、18-19ページ）
写真協力	NPO法人信州フォレストワーク　環境省　グリーン発電大分　合原万貴
	森林インストラクター東京会　大日製紙　北海道森林管理局　林野庁
	iStock　PIXTA　photolibrary
校正	佐野悦子　菅村 薫

※SDGsアイコンについて
国連持続可能な開発目標 https://www.un.org/sustainabledevelopment/
この出版物の内容は、国連やその関係者、加盟国の見解を反映したものではありません。

わたしたちと森林　1
役割と多様性

2023年2月28日　第1刷発行

発行所　　あかつき教育図書株式会社
　　　　　〒176-0021 東京都練馬区貫井4-1-11
　　　　　TEL　03-3825-9188（代表）
　　　　　FAX　03-3825-9187
　　　　　https://www.aktk.co.jp
印刷・製本　精興社